BEI GRIN MACHT SICH IHR WISSEN BEZAHLT

- Wir veröffentlichen Ihre Hausarbeit,
  Bachelor- und Masterarbeit

- Ihr eigenes eBook und Buch -
  weltweit in allen wichtigen Shops

- Verdienen Sie an jedem Verkauf

Jetzt bei www.GRIN.com hochladen und kostenlos publizieren

Bibliografische Information der Deutschen Nationalbibliothek:

Die Deutsche Bibliothek verzeichnet diese Publikation in der Deutschen National-
bibliografie; detaillierte bibliografische Daten sind im Internet über http://dnb.d-
nb.de/ abrufbar.

Impressum:

Copyright © 2010 GRIN Verlag
Druck und Bindung: Books on Demand GmbH, Norderstedt Germany
ISBN: 9783668665675

Dieses Buch bei GRIN:

https://www.grin.com/document/416273

Anna Kuhlmann

Schule auf dem Weg ins 21.Jahrhundert. Ein Vergleich verschiedener Zukunftsmodelle im europäischen Kontext

GRIN Verlag

GRIN - Your knowledge has value

Der GRIN Verlag publiziert seit 1998 wissenschaftliche Arbeiten von Studenten, Hochschullehrern und anderen Akademikern als eBook und gedrucktes Buch. Die Verlagswebsite www.grin.com ist die ideale Plattform zur Veröffentlichung von Hausarbeiten, Abschlussarbeiten, wissenschaftlichen Aufsätzen, Dissertationen und Fachbüchern.

Besuchen Sie uns im Internet:

http://www.grin.com/

http://www.facebook.com/grincom

http://www.twitter.com/grin_com

Schule auf dem Weg ins 21. Jahrhundert –

Ein Vergleich verschiedener Zukunftsmodelle im europäischen Kontext

Inhaltsverzeichnis

1. Was ist eine gute Schule? 4

2. Visionen für das nächste Jahrhundert 4

    2.1. Wieso sind Visionen einer Schule der Zukunft wichtig? 4

    2.2. 10 wichtige Elemente einer Zukunftsvision 5

3. Das deutsche Schulsystem 8

    3.2. Gegenwart des deutschen Schulsystems 9

    3.3. Zukunftsmodell des deutschen Schulsystems 9

4. Das schwedische Schulsystem 10

    4.1. Historischer Überblick 10

    4.2. Bildungssystem heute 11

    4.3. Kritik am Bildungssystem 12

    4.4. Entwicklungstendenzen 12

    4.5. Die „Futurum-Schule" in Bålsta 13

    4.5. Zusammenfassung 14

5. Das spanische Schulsystem 14

    5.1   Historischer Überblick 14

    5.2   Gegenwart 15

    5.3   Zukunftsmodelle 16

        5.3.1   Probleme 16

        5.3.2   Entwicklungstendenzen 17

        5.3.3   Zukünftige Herausforderungen 17

    5.4   Zusammenfassung 17

6. Das französische Bildungssystem 18

    6.1   Historischer Überblick 18

    6.2   Gegenwart 18

    6.3   Probleme 21

6.4   Lösungen 21

6.5   Ein erster Anfang 21

6.6   Zusammenfassung 22

Literaturverzeichnis 23

1. Was ist eine gute Schule?

- Fragen, die sich in diesem Kontext stellen sind:

  o was kann eine Schule künftig tun, um die Lernfähigkeiten der Schüler effektiv zu nutzen?

  o was muss eine Schule tun, um einer neuen, sinnvolleren Schule des 21. Jahrhunderts einen guten Boden zu bereiten?

  o welche Lerninhalte und Erfahrungen können die Schüler am besten auf die veränderliche Welt vorbereiten?

- Laut Dalin: Eine gute Schule ist eine, die selbst lernt, eine lernende Schule, die sich kontinuierlich wandelt, eine lebendige Institution, die zum Lernen anregt und in der jeder seine Rolle verantwortungsvoll wahrnimmt

- Dabei muss Folgendes berücksichtigt werden:

  o Visionen der Gesellschaft der Zukunft, die sich aus der Einsicht in die Kräfte ergeben, die unsere Gesellschaft heute und in künftigen Zeiten formen

  o Verständnis der Welt der Kinder und Jugendliche

  o Klärung der Lernbedürfnisse von Kindern und Jugendlichen in einer komplizierten, an Informationen wie Konflikten reichen Welt

  o Analyse der spezifischen Rolle der Schule in der lernenden Gesellschaft der Zukunft → damit verbunden: Versuch, die Merkmale einer „guten Schule" zu benennen

2. Visionen für das nächste Jahrhundert

2.1. Wieso sind Visionen einer Schule der Zukunft wichtig?

- es wäre verheerend, die Zukunft mit all ihren Möglichkeiten einfach nur geschehen zu lassen, ohne da einzugreifen, wo und wann immer es möglich ist

- um die Zukunft aber soweit wie möglich formen zu können, benötigen wir eine Vision von dem, was wir uns wünschen und was wir tun können, damit das Gewünschte Realität wird

- da eine Vision aber nicht nur eine Idee oder ein Phantasieprodukt ist, sondern Ausdruck dessen, woran Menschen glauben und wofür sie kämpfen, ist eine Vision immer auch eine Antwort auf die Frage „Was wollen wir schaffen?"

2.2. 10 wichtige Elemente einer Zukunftsvision

- um eine sinnvolle und tauglich Vision der Zukunft zu erschaffen, darf diese keineswegs eindimensional sein

- verschiedene Aspekte und Elemente müssen berücksichtigt werden:

Eine Ökologische Vision: Leben in Harmonie mit der Natur

- wichtige Ziele:

  o Weltgemeinschaft soll ein Leben in Übereinstimmung mit den naturgegebenen Möglichkeiten und Grenzen führen

  o ökologische Probleme sollen nicht künftigen Generationen aufgebürdet werden

  →Harmonie zwischen Mensch und dem übrigen Leben, wegkommen von der Rolle des Beherrschers der Natur und von Formen des Individualismus, die die Natur missbrauchen und zerstören

- Aufgabe der Schule: Es reicht nicht aus, allein über die Umwelt zu reden oder Ökologie als neues Fach zu etablieren →Wichtig ist es, junge Menschen für ökologisch verantwortliches Handeln zu engagieren und in ihnen eine kritische Einstellung zu Konsum und Lebensstandard zu vermittel

Die Vision einer fairen, demokratischen Gesellschaft

- Vorstellung, dass faire, demokratische Verfahren künftig das politische Leben regeln

- eine demokratische Gesellschaft widersetzt sich ausgeprägten Hierarchien zugunsten einer horizontalen Verteilung der Macht → Alle Bürger können an der Formulierung und Interpretation einer Gesellschaftsnorm mitwirken

  →Ziel: Der Staat lenkt, aber alle Bürger, Minderheiten und Mehrheiten, haben an allen politischen Prozessen teil und fühlen sich in einem offenen und fairen System gerecht behandelt

- Aufgabe der Schule: Demokratische Erziehung gelingt am besten, in einer Schule, die selbst demokratisch ist → Schülern aktive Rollen im Unterricht und der Schulentwicklung zusprechen, denn Haltungen bilden sich zu allererst durch Aktionen und persönliche Erfahrungen

Von Dominanz zur Partnerschaft in sozialen Beziehungen

- Gleichberechtigung von Mann und Frau sowohl privat als auch im gesellschaftlichen Leben

- Bewohner der Industrieländer müssen aber auch die Menschen der dritten Welt als gleichberechtigte Partner behandeln lernen und somit ihnen das Recht auf eigene Entwicklung und ihnen entsprechende Chancen zugestehen

- Aufgabe der Schule: Schulische Realität so gestalten, dass sich kein junger Menschen wegen seines Geschlechts oder seiner ethnischen Zugehörigkeit diskriminiert oder ausgeschlossen fühlt

Von einer Kriegswirtschaft zur Friedenswirtschaft

- Menschen müssen einen Weg finden, der zum Frieden führt, Gewalt ächtet und Solidarität ermöglicht, um der Welt und den Menschen in ihr eine Zukunft zu gewähren

- Aufgabe der Schule: in der Erziehung zum Frieden eine führende Rolle spielen, denn die Grundhaltungen zu Aggressionen werden bereits in frühen Lebensjahren geformt →Strategien zur Konfliktlösung müssen entwickelt werden und Aggressionen in fruchtbare Bahnen gelenkt werde

Ein lebenswertes Leben für die Armen der Welt

- Prognosen: Zahl der Hungernden wird im Laufe der nächsten 30 Jahre mind. verdreifacht →Armen werden noch ärmer, Reiche noch reicher →ökologische Katastrophe

- es müssen Wege gefunden werden, positive Zukunftvisionen für die Armen der Welt die geschaffen werden und ihre Zahl verringert werden

- Aufgabe der Schule: Solidarität praktisch vorführen →Bsp. Adoption von Schulen in Entwicklungsländern, partnerschaftliche Zusammenarbeit, genügend Studienplätze für Menschen aus Entwicklungsländern

Von der monokulturellen zur multikulturellen Gesellschaft

- Kinder müssen lernen, in einer Vielfalt der Kulturen zu leben → Umgang mit anderen Kulturen, Gewohnheiten, Wertvorstellungen etc.

- Migration spielt immer größere Rolle: Nicht die Frage, ob unsere Kinder in einem Pluralismus der Kulturen leben werden, sondern wie das Zusammenleben von Menschen verschiedener Kulturen ermöglicht werden kann

- Aufgabe der Schule: Lehre des Zusammenlebens verschiedener Kulturen → funktionierende multikulturelle Schulen als Ressource der künftigen Gesellschaft

Eine Vision von der Arbeit in der Zukunft

- drei Arten von Arbeit im nächsten Jahrhundert:

  o Arbeit zum Lebensunterhalt im bisherigen Sinn

  o Arbeit für sich selbst oder zur Besserung der Lebensbedingungen der Familie

  o Freiwillige Arbeit zum Nutzen der Gesellschaft

- Wandel dahin, dass Rationalität und Produktivität nicht mehr so eng definiert werden → nicht nur Erwerbstätigkeit lohnt sich

- Aufgabe der Schule: Jungen Leuten zur Ausübung eines Berufs befähigen, solides Wissensfundament liefern und dazu befähigen, künftige Veränderungen ihrer Lebens- und Arbeitssituation zu meistern →breites Lernangebot, fachliche und mentale Vorbereitung sowie Zugang zu den drei Arten der Arbeit

Technologien im Dienste des menschlichen Zugewinns

- Technik sollte das Menschliche im Menschen fördern

- Entwicklung geht dahin, dass Technik Menschen ersetzt →Entwicklung umkehren, sodass Technik wieder im Dienst des Menschen gestellt wird und ihm zu sinnvolleren und befriedigenderen Tätigkeiten verhilft

- Aufgabe der Schule: nicht Umgang mit neuen Technologien, sondern auf die Entwicklung der Arbeitsplätze einwirken mit dem Ziel, die menschliche Kreativität und Schaffensfreude zu Entfaltung kommen zu lassen

Lebenserfahrung im Dienste der Gesundheit

- Menschen sollten für ihr Leben Entscheidungen treffen können, bei denen sie die physische und seelische Gesundheit bewahren, die sie für ein konstruktives, produktives und zufriedenstellendes Leben in der postmodernen Gesellschaft brachen

- derzeitige Entwicklung ist dem eher entgegen gesetzt (Gesundheitsgefährdung)

- Aufgabe der Schule: Gesundheitserziehung, in deren Rahmen nicht nur die Gesundheit des einzelnen sowie ihre gesellschaftlichen Implikationen thematisiert werden →Folgen von Drogenmissbrauch etc. aufzeigen und Verhaltensregeln für ein gesundes Leben aufzeigen

Von der Standardisierung zur Kreativität

- Industrialisierung führt zu standardisierten Massenproduktionen

- Künstlerische Ausdrucksformen wird im Leben der Menschen mehr Bedeutung erlangen und eröffnet damit neue Möglichkeiten, menschliche Fähigkeiten im Alltag vielfältig einzusetzen

- Aufgabe der Schule: Kreativität und Begabung fördern und dem Menschlichen mehr Raum schaffen

Fazit

- um die genannten Visionen zu verwirklichen bedarf es einer neuen Ethik, einer Weltethik

- diese wird verstanden als ein Mittel zur Klärung und Festsetzung von Normen und Regeln für das Allgemeinwohl

  →Menschen verschiedener Kulturen können nur dann zusammenleben, wenn es einen Konsens über leitende Normen gibt

  →ein solches Mindestmaß an verbindenden Normen, Werten und Einstellungen muss es in jeder Demokratie geben

- Schule der Zukunft muss nicht nur die Verantwortung für heutige Weltfragen übernehmen, sondern sich auch darum bemühen, dass diese die gesamte Unterrichtsarbeit durchdringen

- diese Verantwortung trägt aber nicht nur die Schule allein, sondern sie muss mit Schülern, Eltern, gesellschaftlichen Institutionen und der Politik zusammen daran arbeiten, dass Verantwortung aktiv wahrgenommen wird

3. Das deutsche Schulsystem

3.1. Geschichte des deutschen Schulsystems

- 8. Jahrhundert fanden sich die ersten Schulen (Kloster,-Domsschulen) zur Heranbildung von Klerikern

- Klosterschulen = Vorläufer der Gymnasien

- Durch aufblühenden Handel wurde Lesen und Rechnen notwendig für viele Teile der Bevölkerung → Schreib- und Rechenschulen entstehen (Blütezeit: 13. – 18 Jhd.) ← Vorläufer der Volksschule

- Ende des 18. Jhd. kam mit dem verstärkten Aufkommen des Bürgertums die Realschule auf → um gesellschaftliche Abgrenzung zu „unteren" Schichten herzustellen
- 19. Jhd. → 3-Gliedriges Schulsystem, das Interessen der 3-Klassen-Gesellschaft stabilisieren sollte
- Seit 30er Jahren des 19. Jhd. → Gymnasium → Abitur

3.2. Gegenwart des deutschen Schulsystems

- Alle Bundesländer haben eigene Regierung → Unterschiede in der Schulstruktur
  o Grundgesetz regelt nur weniges
- Das gesamte Schulsystem steht unter staatlicher Aufsicht
- Nach PISA → Qualitätssteuerung → Schulinspektionen, Evaluationen

- Vorschulbereich → obliegt der Bundesebene; Länder müssen für Kindergärten und – krippen sorgen

- Primarschulbereich → Grundgesetz und Länderverfassungen enthalten grundlegende Bestimmungen (Schulaufsicht, Recht der Eltern, Pflichtschule, Religionsunterricht, Privatschulen); Grundschule ist erste Schule (für alle verpflichtend)

- Sekundarschulbereich → Schulgesetze der Bundesländer für zuständig (Vorschriften über Inhalt, Abschlusszeugnisse und Qualifikationen)

- Hochschulbereich → Hochschulrahmgesetz und Hochschulgesetzgebung der Länder

- Pflichtschule → Kinder ab 6 Jahren ; 9/10 Jahre Vollzeitschule (10 in Berlin, Brandenburg, Bremen und Nordrhein-Westfalen)

3.3. Zukunftsmodell des deutschen Schulsystems

Zwei Extreme:

Staats- und Bürokratiemodell vs. Marktmodell

Staats- und Bürokratiemodell → Der Staat hat das Monopol für Bildung; starke Regulierung der Gesetze

Macht Lernplanvorgaben

Wenig individueller Spielraum

Lehrer = Instrumente des Staates

JETZIGES SYSTEM

Marktmodell →   Schule ist eigenverantwortlich

- Ziel: **Mischmodell**: Schulen haben Aufgabe der Input Steuerung; mehr Steuerung über Zielvorgaben und Zielprüfung und mehr Wettbewerb; Zunahme der Evaluationen; Schulen müssen Leitbilder erstellen

➔   Entscheidend ist nicht mehr <u>wie</u>, sondern <u>ob</u> Schulen die vereinbarten Leistungen erreichen!

Fazit

- Schulen werden eigenverantwortlicher und müssen sich dem Druck des Wettbewerbs stellen
- Verbeamtung wird dadurch wohl wegfallen, da sich besonders die Lehrer durch Leistung profilieren müssen. Keine Leistung = kein Job ← Schulen müssen ums Überleben kämpfen
- Gesamtschule

    o PISA-Siegerländer bevorzugen integratives Schulsystem
    o Merkmale

        ◉ Förderung statt Auslese

        ◉ Chancengleichheit

        ◉ Soziale Integration statt soziale Entmischung

- Umstritten, da sie keine politische Lobby in Deutschland genießt und die Umsetzung sehr kompliziert werden könnte

4. Das schwedische Schulsystem

4.1. Historischer Überblick

- 1842: Einführung der Volksschule

    o Skepsis, weil damals die Religion im Vordergrund stand

    o erst Anfang des 20. Jh. kam Gedanke auf, dass Bildung doch etwas Nützliches sein könnte

- 30er: Schweden gehörte zu den am dünnsten besiedelten und ärmsten Ländern Europas

- 2. Weltkrieg: wirtschaftlicher Aufschwung → Reform des Bildungswesens

- 1946: Einsetzung Schulkommission

    o Aufgabe: radikaler Umbau des schwedischen Schulsystems

- 1950: schwedischer Reichstag

    o beschloss Verlängerung der Schulpflicht auf 9 Jahre

    o Durchführung von Schulversuchen mit neunjähriger „Einheitsschule"

- 1962: Schulgesetz im Reichstag verabschiedet

    o Schule fortan als neunjährige „grundskola" bezeichnet

- 1964: Einführung des dreijährigen „gymnasiet" und der zweijährigen Fachschule; daneben existierte eine Berufsschule

- 1968: Integration dieser 3 Schultypen in den Schultyp „gymnasieskola"

    o beruflich qualifizierend und hochschulvorbereitend

    o zahlreiche Schulabbrüche zeigten, dass der Schultyp weiter reformbedürftig war

- 1990: neuer Reformzyklus für die „gymnasieskola"

- 1994: Einführung von 16 doppeltqualifizierenden nationalen Bildungsprogram

- 2001: Zahl auf 17 erhöht

- 2008: Reform des Hochschulzugangs

    o soll dafür sorgen, dass wieder verstärkt Kurse in den Kernfächern belegt werden

4.2. Bildungssystem heute

- Förderung fängt bereits im Kindergarten an

    o für alle Kinder von 1-5 Jahren, sofern beide Eltern arbeiten

    o aufgrund der vorbereitenden Funktion als „förskola" (= Vorschule) bezeichnet

    o fester, auf Schulcurriculum abgestimmter Lehrplan mit dessen Hilfe eine spielerische und gleichzeitig gezielte Grundausbildung beginnt

- sechsjährige Kinder haben die Möglichkeit eine Vorschulklasse zu besuchen (→ freiwillig)

- Schulpflicht beginnt ab dem 6./7. und endet mit dem 16. Lebensjahr

- o   in dieser Zeit besuchen alle Schüler die neunjährige Grundschule

- o   20-30 Schüler bleiben immer zusammen in einer Klasse

- o   Zeugnisse gibt es erst ab Klasse 8

- o   zur intensiveren Förderung werden immer mehr Privatschulen geöffnet

- gymnasieskola = freiwillige, weiterführende Schule

- o   besuchen mehr als 90%

- o   17 doppeltqualifizierende nationale Programme

- o   Schüler müssen an einer Projektarbeit arbeiten

⇒ es finden schon große Teile der Berufsausbildung statt

- anschließend 2-5 jähriges Hochschulstudium möglich

4.3. Kritik am Bildungssystem

- nachsichtiges Benotungssystem

- o   Unterrichtsniveau orientiert sich an den schlechten Schülern, weil Lehrer alle durchboxen wollen

- o   fehlender Leistungsdruck bei guten Schülern

- (zu) große Wahlfreiheit bei den Gymnasialfächern

- o   zu wenig leistungsorientierte Ausbildung

- o   Universitäten beklagen sich über mangelndes Wissen der Studenten

⇒ Reformierung der weiterführenden Schule bis zum Herbst 2011 geplant

4.4. Entwicklungstendenzen

- wesentliche Schulreformen wurden mit Beginn des neuen Jahrtausends beendet

Debatten um…

- o   …Einsatz moderner Kommunikationstechnologien → Ziel: Verbesserung des Einsatzes neuer Medien im Unterricht

- o   …Schutz der Umwelt →zahlreiche Umweltprojekte an Schwedens Schulen

- o   …Stärkung der Naturwissenschaften → allgemeines Interesse an Naturwissenschaften und Technik soll bei Schülern wieder vergrößert werden →zahlreiche Projekte

o ...Wertegrundlage der schwedischen Schule → Mittelpunkt der Diskussionen: Auswirkungen des Mobbings unter Schülern sowie Möglichkeiten der Verhinderung und Bekämpfung

4.5. Die „Futurum-Schule" in Bålsta

- wurde 1997 pädagogisch, architektonisch und organisatorisch völlig neu nach dem schwedischen Modell „Schule 2000" gegründet

- Flexible Lernzeiten:

  o statt festen Stundenplänen gibt es „Gleitfenster" →Schüler können später kommen, müssen dann aber auch länger bleiben

  o statt festgelegten Hausaufgaben wird mit den einzelnen Schülern je nach Begabung ein individuelles Programm zusammengestellt

  o Projekte statt Unterrichtsfächer →erfolgt interdisziplinär

- Keine Schulklassen, keine Klassenlehrer:

  o jedem Schüler wird ein Mentor zugewiesen: dieser überwacht und betreut über mehrerer Jahre die Entwicklung von rund 15 Schützlingen

- Altersgemischte Gruppen:

  o Unterrichtsgruppen werden nach Begabung statt nach Alter gemischt → voneinander lernen

- Zielvereinbarungen per Logbuch:

  o alle Schüler haben ein Logbuch in das Aufgaben, deren Abgabefristen und persönliche Zielsetzungen für das Schuljahr festgehalten werden

  o oft Wahlmöglichkeiten, dennoch erfolgt immer eine Beurteilung durch Lehrer und wöchentlich müssen Eltern das Logbuch und die darin festgehaltenen Lernergebnisse unterzeichnen

- Architektur ist bunt und vital:

  o großer, luftiger Raum, der von einem Glasturm überdacht ist →Neonlampen vormittags fast unnötig

  o an den Wänden ranken sich üppige Pflanzen empor

  o helle Räume gehen fließend ineinander über

⇒ Ziel: Vermitteln von Eigenverantwortung beim Lernen und bei der Zielsetzungsplanung → Schüler der Futurum-Schule sind häufig selbstständiger

4.5. Zusammenfassung

- Reformprozesse größtenteils abgeschlossen → lediglich Feinabstimmungen

- Die Futurum-Schule als führendes Beispiel im 21. Jahrhundert

5. Das spanische Schulsystem

5.1 Historischer Überblick

- Anfang 19. Jh.: Bildungssystem im engeren Sinne

  o d.h. ein Bildungssystem mit nationaler Verbreitung und Anspruch auf allgemeine Geltung

  o davor gab es nur Schulen/Seminare von religiösen Orden, oder aber auch vereinzelte städtische Volksschulen

- durch die späten Einflüsse der Französischen Revolution und der spanischen Aufklärung entstand:

- 1857: *Ley de Instrción Pública*

  o *Ley Moyano:*

  o benannt nach dem damaligen Bildungsminister

  o es enthielt 3 Ebenen des Bildungssystem: Elementarbildung, Sekundarstufe, Universitätsbildung

- nach Ende der Ersten Republik und im Namen der Restauration der konstitutionellen Monarchie kam es:

- Gegen Ende des 19. Jh.: Unruhen durch die gegensätzlichen schulpolitischen Auffassungen zwischen Liberalen und Konservativen

- *Institución Libre de Ensenanza:*

  o durch Giner de los Ríos

  o dadurch kam es zu neuen Reformbewegungen

- 1923: Reformbewegungen enden durch den Staatsstreich des General Primo de Rivera

- 1931-1939 : Neue Ansätze zu einer Reform

  o während der Zweiten Republik

  o Stärkung der Primarschule

  o Ende durch das Franco-Regime

- Durch das Franco-Regime wurde die Sekundarschule stärker gefördert

- Jedoch wächst der Druck nach einer Bildungsreform, dadurch:
- 4. 08.1970: Ley General de Educación y Financiamiento de la Reforma Educativa
  - das Allgemeine Bildungsgesetz:
  - es enthält: Vorschulerziehung, Allgemeine Grunildung, Sekundarbereich 2
  - jedoch wurde es nur ungenügend umgesetzt
- Während der 80ger kamen erneute Forderungen nach neuen Reformen auf, dadurch entstand:
- 1990: Ley Orgánica Ordenación General del Sistema Educativo (LOGSE)
  - dieses regelt die allgemeine Ordnung des Bildungssystems

5.2 Gegenwart

- Vorschulerziehung:
  - freiwillig
  - unterteilt in zwei Zyklen:
    - 1. von 2-3 Jahre
    - 2. von 4-6 Jahre
- Primarbereich:
  - obligatorisch
  - unterteilt in drei Zyklen:
    - 1. von 7-8 Jahre
    - 2. von 9-10 Jahre
    - 3. von 11-12 Jahre
  - im 2. und 3. Zyklus kommt das Erlernen einer Fremdsprache hinzu
- Sekundärbereich
  - obligatorisch
  - dient zur Vorbereitung auf den Sekundärbereich 2
  - unterteilt in zwei Zyklen:
    - 1. von 13-14 Jahre mit einem Curriculum von gemeinsamen Lerninhalten
    - 2. von 15-16 Jahre mit steigenden Wahlmöglichkeiten
  - mit dem Abschluss erhält man den Titel „Graduierter im Sekundärbereich
  - Wiederholung ist bis zum 18. Lebensjahr möglich

- o wenn man es nicht schafft, erhält man spezifische Programme der Gemeinden, damit man noch eine Mindestqualifizierung für einen einfacheren Beruf bekommen kann
- Sekundarstufe 2
  - o Abiturstufe (Bachillerato)
  - o Dauer von 2 Jahren
  - o Hinführung zu den Hochschulen oder der Berufsbildung höheren Grades

5.3 Zukunftsmodelle

- Das derzeitige Schulsystem ist das Zukunftsmodell, da es immer noch umgesetzt wird
  - o es läuft parallel zum alten System
  - o jedoch nur verzögerte Umsetzung bis jetzt
- Einführung von neuen Curricula: Mehr-Ebenen-Verfahren:
  - o Diseno Curricular Base: der verbindliche Grundentwurf des Curriculums, der vom Bildungsministerium entworfen wurde
  - o Proyecto Curricular de Centro: die Umsetzung der Vorgaben in ein Schul-Curriculumprojekt
  - o Erstellung Lehrprogramme und systematische Abfolge der didaktischen Einheiten
- Evaluation: kontinuierlicher, umfassender Prozess
  - o Ziel: maximale Förderung der Fähigkeiten und Senkung der Abbrecherquote
- Neue Methode:
  - o Bewertung der Gesamtheit von anhand der Resultate zu beurteilenden Fähigkeiten
  - o Koevaluation: Lehrerkollegium wirkt zusammen

5.3.1 Probleme

- Revision des Zeitplans zur Realisierung des neuen Bildungssystems durch finanzielle Probleme
- Einführung von neuen Curricula: Mehr-Ebenen-Verfahren
  - o Lehrer werden zu zentralen Trägern der Bildungsreform
  - o noch nicht hinreichend qualifiziert
  - o Große Evaluationsdifferenzen zwischen den Schulzentren

- o Lehrer sind mit dem neuen System noch nicht vertraut, da viele noch aus dem alten System kommen
  - o Vorwurf der ungenügenden Differenzierung, z.B. das begabte Schüler nicht gefördert werden
- keine Besserungen der Leistungen von Schülern
- Hohe Rate von Schulversagern

5.3.2 Entwicklungstendenzen

Seit 2000 Planung von folgenden Innovationen:

- Vorschulerziehung kostenfrei
- Im 1. Zyklus der Grundschule Beginn mit dem Lernen einer Fremdsprache
- Im 2. Zyklus der Grundschule Lernen von Grundbegriffe des Computers
- Stärkere Ausrichtung des Curriculums für die Sek. 1 und das Abitur nach den minimalen Kernanforderungen
- Größere Gewichtung der Pflichtfächer
- Größere Gewichtung der Fächer wie Geschichte, Philosophie und klassische Sprachen
- Einrichtung des letzten Pflichtschuljahres als Kurs zur akademischen oder beruflichen Orientierung mit Abschlussprüfung

5.3.3 Zukünftige Herausforderungen

- Ständige Herausforderung: Vereinigung von Qualität und Gleichheit auf allen Stufen
- Einfluss der Informationsgesellschaft
- Notwendigkeit der Verstärkung der Autonomie der schulischen Einrichtungen
- Anforderung einer Entwicklung einer Strategie zur Unterstützung der Lehrerschaft
- Soziale und erzieherische Integration unterschiedlicher Gruppen
- Unterstützung von attraktiven Alternativen zur nicht universitären Ausbildung

5.4 Zusammenfassung

- Das derzeitige Modell ist gleichzeitig das Zukunftsmodell
- Wechsel zum neuen Modell mit Problemen behaftet
- Notwendigkeit der Lehrerfortbildungsmaßnahmen

6. Das französische Bildungssystem

6.1 Historischer Überblick

- 17.Jhd. – 19. Jhd. Grundsteine für das Bildungssystem →obligatoire, gratuit und laique
- 1947 sorgte der Plan Langevin-Wallon für die faktische Dreigliedrigkeit des Sekundarbereichs
- 1959 verlängerte Berthoin mit seiner Reform die Schulpflicht, woraufhin Fouchet 1963 eine komplexere, wahldifferenziertere gymnasiale Oberstufe einführte
- In den 60er und 70er Jahren wurden die Sek. I und II ausgebaut, was auch Einfluss auf den Hochschulbereich hatte
- 1975 reduzierte Haby mit seiner Reform die Lycées

→Die bis heute nachhaltigste Wirkung erzielte das Orientierungsgesetz über die Bildung, das am 10. Juli 1989 in Kraft trat und das eine weitere Basis des Schulsystems in Frankreich bildet, dessen Struktur sich nach und nach als horizontal herauskristallisierte

6.2 Gegenwart

- das Bildungswesen in Frankreich ist im allgemeinen einheitlich geregelt → im ganzen Land werden praktisch die gleichen Inhalte im Unterricht behandelt
- die lokalen Einrichtungen besitzen trotzdem einige Kompetenzen, beispielsweise für den Bau von Schulgebäuden, für spezielle lokale Ausbildungsbedürfnisse, für den Transport der Schüler sowie die Kantinen
- im Prinzip hat jeder französische Schüler die Möglichkeit, alle Etappen von der Grundschule bis zur Hochschule zu durchlaufen → für den Wechsel muss jedoch in die jeweils höhere Stufe die vorherige Etappe mit Erfolg gemeistert worden sein

  → dieses Prinzip bedingt also eine eindeutige Trennung zwischen denen, die weiterlaufen und denjenigen, die sozusagen gezwungenermaßen bestimmte berufliche Wege beschreiten

- es gibt ein Zuweisungsverfahren für die Zuordnung → Dabei spricht u.a. ein so genannter Orientierungsberater eine Orientierungsempfehlung für die nach gelagerter Schulform aus

- für die soziale Positionierung spielt das Abitur in Frankreich eine wichtige Rolle, denn es ist die Voraussetzung für ein Hochschulstudium, inklusive eine höhere Technikerausbildung → in Frankreich gibt es keine Fachhochschulreife
- die Schulpflicht beträgt zehn Jahre
- freiwillige Vorschule für Kinder bis zum 6. Lebensjahr besuchen
- Ausbildung in der Grundschule dauert fünf Jahre
- nach der Ecole Primaire besucht man ein Collège (gleichzustellen mit dem deutschen Sekundarbereich I) für vier Jahre
- Den Sekundarbereich II stellt das Lycée dar, welches in der Regel in drei Jahren absolviert wird und sich in verschiedene Zweige gliedert, die klar hierarchisch geordnet sind:

  a) Apprentissage (betriebliche Lehre)

  b) Lycée professionnel (berufliche Vollzeitschule)

  c) Lycée technologique (doppelqualifizierender Zweig)

  d) Lycée d'enseignement général (allgemein bildender Zweig)

- der technische Weg kann an einem Gymnasium mit allgemein bildenden und technischen Abiturzweigen, einem so genannten LEGT (Lycée d'Enseignement Général ou Technologique) absolviert werden, oder an einem technischen Gymnasium mit stärkerer Spezialisierung → Inhalte der Ausbildung sind verstärkt fachtheoretisch und fachpraktisch
- Die Abschlüsse sind das Baccalauréat Technologique B. Tn (fachgebundenes Abitur) oder der Brevet de Technicien BT (Technikerabschluss).
- Der allgemein bildende Weg profitiert von dem höchsten Ansehen und bietet die besten Berufsperspektiven, das abstrakte Denken steht im Vordergrund
- Die verschiedenen allgemein bildenden Abiturkategorien sind:
  - *Bac L* (Littéraire): für Literaturliebhaber sowie Geschichts-, Philosophie- oder Sprachgenies.Viele Absolventen nehmen danach Jura-, Geschichts-, Ökonomie-, Soziologie- oder Sprachstudien auf, gehen in eine Vorbereitungsklasse, um eine Ecole Supérieure zu besuchen oder wählen eine Ausbildung im Bereich Tourismus, internationaler Handel, Information und Kommunikation.

- o *Bac ES* (Economique et Social) für diejenigen, denen Mathe stets besser gefiel als Literatur. ES-Abiturienten haben Zugang zu vielerlei Studien, sei es an Universitäten, Wirtschaftshochschulen oder eine Ausbildung an einem IUT oder STS (siehe unter Kurzstudiengänge). Jedoch wählen vergleichsweise wenige ökonomische Studien, und Schulabgänger mit einem wissenschaftlichen Abitur haben in dieser Kategorie oft größere Chancen.
- o *Bac S* (Scientifique), das fast alle Türen öffnet.Die meisten Abiturienten dieser Kategorie studieren an einer Universität in den naturwissenschaftlichen Abteilungen, aber auch Ökonomie, Recht, Literatur usw. Die grossen Ecoles de Commerce bieten diesen Abgängern die meisten Plätze an.
- o *Bac STT* (Technologique):Mehr als die Hälfte der Schüler, die diese Abiturform gewählt haben, gehen nicht an die Uni, sondern absolvieren einen Kurzstudiengang an einem IUT oder STS, beispielsweise in Verwaltungsinformatik, Rechnungswesen und Sekretariat sowie im Versicherungs-, Transport- und Immobilienwesen.
- o *Bacs   STI,   STL,   SMS* Die meisten dieser Abiturienten wählen einen Kurzstudiengang, eine Ausbildung in den Bereichen Bauwesen, öffentliche Arbeiten, Krankenpflege, Sozialwesen. Die besten unter ihnen können ihre Studien fortführen, beispielsweise eine fünfjährige Ingenieurschule besuchen, von einem Universitätsstudium wird ihnen aber zumeist abgeraten.

- Das französische Bildungssystem ist einerseits eine Institution, die republikanische Werte vermitteln soll und andererseits eine Institution im Wandel, denn die Schulpflicht wurde schrittweise verlängert.
- seit 1975 hat sich mehr und mehr das System einer „Gesamtschule" herausgebildet, gleichzeitig wurden die weiterführenden Schulzweige demokratisiert
- Ziel: Schülerzahlen in den Collèges und Lycées deutlich anzuheben → positive Folge: die Anzahl der Abiturienten hat sich verdoppelte
- Laut dem Hohen Rat, der 2003 für die Evaluation des Schulwesens tätig war, „sei das französische Bildungswesen leistungsfähig und stabil"

6.3 Probleme

- Seit 10 Jahren hat es kaum Verbesserung gegeben
- besonders frühe Schulschwierigkeiten sind der Grund dafür, dass junge Schüler auf den Collèges nicht zu Recht kommen und früh die Erfahrung machen, Sitzen zu bleiben, was in Frankreich ein relativ häufig gebrauchter Habitus ist
- viele Jugendliche verlassen die Schule ohne Schulabschluss, was gleichzeitig mit der Tatsache einhergeht, dass sich der Abi-Prozentsatz nicht erhöht → bleibt konstant bzw. ist tendenziell eher rückläufig
- bestimmte Probleme im Schulalltag (Gewalt etc.) sind an der Tagesordnung, aber natürlich auch für Schulen in anderen Ländern bekannte Probleme, die sich häufig schwer lösen lassen, da es an qualifizierten pädagogischen Lehrkräften fehlt
- stärker gewordene Schulheterogenität im besonderen Maß
- Schüler aus bestimmten regionalen Umgebungen repräsentieren zunehmend das soziale Gesellschafts"schichten"-Bild auch an der Schule wieder
- schlechte Eingliederungen in den Arbeitsmarkt
- Soziale und geographische Chancenungleichheiten sind

6.4 Lösungen

- Dezentralisierung: Aufgaben und Verwaltung werden zunehmend zu Angelegenheiten der einzelnen Regionen und sollen somit den dortigen Verhältnissen angemessen für eine gute Schulbildung und –struktur sorgen
- Modernisierung des Unterrichts
- Verstärktes Angebot an Bildungsgängen sollen zunehmend dafür sorgen, die Perspektiven der Jugendlichen zu erweitern und ihnen trotz mangelnder Qualifikation eine Möglichkeit der Weiterbildung zu bieten → Aufwertung der beruflichen Ausbildung
- Verringerung der hierarchischen Gliederung im Lycée-Bereich sorgt dafür, dass mehr Schüler ein Lycée besuchen und somit einen besseren Abschluss erhalten

6.5 Ein erster Anfang

- 2005: aktuelles Rahmengesetz über die Zukunft des Schulwesens gemacht → es wurde festgesetzt, dass die Nation als wichtigste Aufgabe des Schulwesens bestimmt, den Schülern die Werte der Republik zu vermitteln

- Ziel = Ermöglichung eines gemeinsamen Grundstocks an Kenntnissen und Fertigkeiten
- Kostenlose, erzieherische Begleitung nach dem Unterricht für alle Schüler
- Programm zur Schwerpunktförderung zugunsten besonders lernschwacher Schüler sollte diese fördern und für mehr Perspektiven sorgen
- Entwicklung eines persönlichen Schullaufbahn- und Berufswahlplanes als der erste Ansatz eines Ziels für die Schüler, ihre Bildung und spätere Ausbildung ernst zu nehmen

6.6 Zusammenfassung

- „Politik der kleinen Schritte" → stufenweise Verbesserung des Bildungswesens
- mit der Anpassung des Bildungsangebots an die Bedürfnisse wurden erste neue Schritte eingeleitet um das Schulklima zu verbessern
- attraktiver wurde der Unterricht durch z.B. Individualisierung des Unterrichts
- Stärkere Praxisorientierung
- Flexibilisierung

Literaturverzeichnis

Dalin, Per: Schule auf dem Weg ins 21. Jahrhundert. Hg. von dems. Luchterhand 1997.

Döbert, Hans: Die Schulsysteme Europas : Albanien, Andorra, Armenien, Belgien, Bosnien-Herzegowina, Bulgarien, Dänemark, Deutschland, England und Wales, Estland, Färöer Inseln, Finnland, Frankreich, Georgien, Griechenland, Irland, Island, Italien, Kroatien, Lettland, Liechtenstein, Litauen, Luxemburg, Malta, Makedonien, Moldawien, Monaco, Niederlande, Norwegen, Österreich, Polen, Portugal, Rumänien, Russische Föderation, San Marino, Schweden, Schweiz, Serbien, Slowakische Republik, Slowenien, Spanien, Tschechische Republik, Türkei, Ukraine, Ungarn, Weißrussland, Zypern. Hg. von dems. Hohengehren 2004.